让孩子 着迷的 第一堂自然课

狂野沙漠

KUANGYE SHAMO

童心 编著

U0314342

化学工业出版社

·北 京·

图书在版编目（CIP）数据

让孩子着迷的第一堂自然课. 狂野沙漠 / 童心编著. —北京：
化学工业出版社，2019.4（2025.4重印）
　　ISBN 978-7-122-33722-1

　　Ⅰ．①让… Ⅱ．①童… Ⅲ．①科学知识－青少年读物
②沙漠－青少年读物 Ⅳ．① Z228.2 ② P941.73-49

中国版本图书馆 CIP 数据核字（2019）第 036638 号

责任编辑：王思慧　谢　娣
责任校对：王　静　　　　　　　　　　　装帧设计：尹琳琳

出版发行：化学工业出版社（北京市东城区青年湖南街 13 号　邮政编码 100011）
印　　装：天津裕同印刷有限公司
787mm×1092mm　1/12　印张3　字数42千字　2025年4月北京第1版第3次印刷

购书咨询：010-64518888　　　　　　　　售后服务：010-64518899
网　　址：http://www.cip.com.cn
凡购买本书，如有缺损质量问题，本社销售中心负责调换。

定　价：28.00元　　　　　　　　　　　　　　　版权所有　违者必究

目录

沙漠的分布

热带沙漠带　　温带沙漠带

沙漠从哪里来?

　　沙漠是一个非常荒凉的地方，那里到处都是岩石和沙子，远远望去，就像一片黄色的大海。沙漠形成的两个主要原因，就是干旱和风。

　　① 从前，有一块巨大的岩石，住在荒野里。那里常常刮起大风，下起大雨，岩石一会儿被淋湿，一会儿被吹干。

　　② 不知过了多少年，寒来暑往，日晒雨淋，岩石实在受不了了，突然"砰"的一声，崩裂成了许多小石块。大家都叫它们砾石。

　　③ 慢慢地，风儿又继续碾碎、打磨砾石，直到把它们变成细小的沙粒。

　　④ 沙粒随着风儿飞来飞去，最后聚集到一个地方，就成了沙漠。

◎ 沙漠形成示意图

　　在世界各地，我们都可以看见沙漠。虽然在沙漠里，很少看到绿绿的树木、美丽的花儿和各种小动物，可是在地下，却埋藏着丰富的矿产和石油呢!

　　其实，在一个地方，如果地面被沙所覆盖，植被稀少，雨水稀少，那么，这个地方就可以叫做沙漠啦!

模样奇怪的沙漠

因为风儿和天气的原因，沙漠的样子真是千奇百怪呢！就算是同一片沙漠，也会常常变换模样，有时早晨长这样，到下午就变成了另一个样子，实在让人吃惊啊！现在，我们就走进沙漠中，仔细看看沙漠长什么样子吧！

干谷

也叫死谷，是没有水的河道。

桌子山

像一张桌子。

洪积扇

河水暂时流过时，水里的物质堆积成像扇子一样的地貌。

干盐湖

这里有各种各样的结晶盐和其他矿产。

横沙丘

这里沙子很多，大风从一个方向吹来。

沙丘

沙粒被狂风堆积成不同的小沙堆，就叫沙丘。

新月形沙丘

像一弯新月，这里沙子少，风从一个方向吹来。

沙漠车队

星状沙丘

这里沙子很多，风从各个方向吹来。

沙海
　　由复杂而有规则的大小沙丘排列而成，数量很多，故称沙海。

风蚀柱
　　岩层不断地被风沙吹蚀，慢慢形成一个个像柱子一样的岩石。

蘑菇石
　　风不断地吹打着岩石，慢慢地，岩石就变成了"石蘑菇"。

倒石堆
　　山坡上的石块崩塌落下，慢慢堆积而成。

岛山
　　因为风沙侵蚀，形成的小山。

沙尘暴来啦

① 沙漠里刮起大风，是一件非常可怕的事。瞧，一阵狂风刮来，不断吹起沙尘。

② 很快，沙漠里变得天昏地暗，远远一看，就像一团快速移动的黑黄色土墙，这就是沙尘暴。

③ 沙尘暴力量很大，常常把旅行的人们埋没，更别提植物和小动物了。

④ 沙尘暴是一个破坏王，它会污染空气，拔起树苗，埋没农田。

⑤ 在沙尘暴天气里，人们出门要戴口罩；有时，沙尘暴还会吹倒房屋，使飞机无法起飞，火车无法开动；还有一些人，因为吸入沙尘而生病。

沙尘暴会带给人类巨大的灾难。我们要多种植植物，固定土壤，减少沙尘暴的发生。

在沙尘暴天气里，人们出门要戴口罩。

沙尘天气分为五类

浮尘：尘土、细沙均匀地浮游在空中，使水平能见度小于10千米的天气现象。

扬沙：风将地面尘沙吹起，使空气相当混浊，水平能见度在1~10千米以内的天气现象。

沙尘暴：强风将地面大量尘沙吹起，使空气很混浊，水平能见度小于1千米的天气现象。

强沙尘暴：大风将地面尘沙吹起，使空气很混浊，水平能见度小于500米的天气现象。

特强沙尘暴：狂风将地面尘沙吹起，使空气特别混浊，水平能见度小于50米的天气现象。

沙尘暴来袭

会移动的沙丘

　　走进沙漠里，你会看见各种各样的沙丘。它们有的像星星，有的像月亮，有的像字母"S"，还有的像一条大波浪……大大小小的沙丘居住在沙漠中，使沙漠变得热闹又有趣。

恐怖的声音

　　沙丘在移动时会发出声音，这是怎么回事呢？原来，沙粒被吹到沙丘的背面，滑落时会发出低沉的轰鸣声，当许多沙粒一起滑落时，声音非常大，有时在几千米远的地方也能听到，真是让人又惊奇又害怕啊！

太空中拍摄的地球沙尘暴的照片

沙丘迎风的一面非常坚硬，在上面可以轻松地开车。沙丘背风的一面非常柔软，人走上去会深深地陷进去。

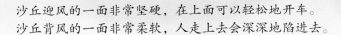

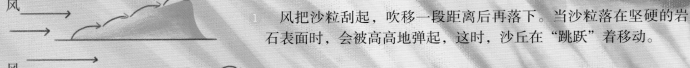

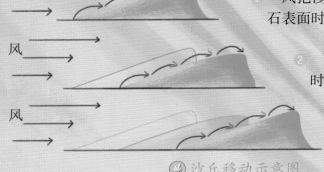

风

风

风

沙丘移动示意图

1　风把沙粒刮起，吹移一段距离后再落下。当沙粒落在坚硬的岩石表面时，会被高高地弹起，这时，沙丘在"跳跃"着移动。

2　有时，风把许多沙粒一起从沙丘的一面吹到另一面，这时，沙丘在"流动"着移动。

3　风推动着沙丘不断地往前移动，不管遇到什么，都会将它掩埋。

沙漠里的天气

白天，沙漠里的温度非常高，常高达六七十度，简直可以把人热死。

沙漠上空云特别少，太阳火辣辣地烤着沙漠，沙子不断地吸收热量，所以气温越来越高。

晚上，沙漠里非常冷，温度迅速下降，冬季时气温可降至0℃左右，简直要把人冻死。

晚上不仅没有温暖的阳光，沙子散热还特别快，而且没有云层阻挡，热量全部慢慢消失在高空，所以晚上的温度会越来越低。

沙漠里很少下雨，有时会下"阵雨"。沙漠里的阵雨常常只有几分钟，雨点很大，下得很急，而且雨量也很小。

智利阿塔卡马沙漠，是世界上最干旱地区，几乎从未下过雨。

世界上最大的沙漠——撒哈拉沙漠

撒哈拉沙漠非常干旱，一些地方十几年都没有下雨。可是，在6000年前，这里曾是一个植物繁茂的地方，生活着许多动植物，有水牛、大象、长颈鹿、鳄鱼……还是人们运送商品的重要道路。后来，撒哈拉沙漠逐渐变得干旱，植物被渴死，人们和动物们也都纷纷离开，去寻找新的家园了。

撒哈拉沙漠在遥远的非洲，它是世界上最大的沙漠，那里有高大的岩石、陡峭的山脉，还有无边无际的沙滩、沙丘。

穿越撒哈拉沙漠的旅行

撒哈拉沙漠炎热干旱，到处是一片荒凉的景象，可是，如果你进行一次穿越撒哈拉沙漠的冒险之旅，你就会发现，那里还散布有一些绿洲，绿洲里不仅有高大的树木、嫩绿的小草、活泼的动物，还生活着一些人，他们一起守护着寂寞的撒哈拉沙漠。

柏树

柏树喜欢光照，很耐旱。它生长缓慢，寿命很长，树干散发着淡淡的香气。

非洲野驴

非洲野驴不怕烈日和暴晒，它们结成小群，在一头机警的雌驴的带领下活动，在荒漠里寻找食物。

细尾獴

细尾獴非常小心警惕，一群活动时，总有一只站立着，像"哨兵"一样地观察着四周。它们喜欢吃蛇，是蛇的天敌。

小画眉草

眼镜蛇

眼镜蛇被激怒时，会将身体前段竖起，颈部皮褶两侧膨胀，同时发出"呼呼"声，十分吓人。

北非刺猬

炎热的夏天，北非刺猬会钻进洞里进行休眠，有时几个月不出来。

跳鼠

跳鼠的后腿长而有力，尾巴可以帮助身体在空中保持平衡，它们是天生的"跳高运动员"。

玛瑙螺

玛瑙螺是一种生活在沙漠里的蜗牛。它们是沙漠中鸟儿和许多动物的食物。
玛瑙螺通过夏眠存活下来，直到雨水把它们浇醒，否则它们会一动不动地睡好几年。

三芒草

三芒草生命力很顽强，在沙漠中常常可以看到，羊和骆驼都喜欢吃。

柽柳

柽（chēng）柳的根很长，有时会长到十几米，可以吸到深层的地下水。柽柳还不怕沙埋，被流沙埋住后，枝条能顽强地从沙包中探出头来，继续生长。

珠鸡

珠鸡会飞行，但遇到威胁时总是奔跑，让人觉得它们傻傻的。

大角斑羚

大角斑羚常常成群一起活动，它们白天炎热时休息，在凉爽的早晨和傍晚寻找树叶、灌木、果子等食物。它们很会跳跃，不过胆子非常小。

海枣树

海枣树也叫枣椰树，它生长需要强烈的光照，能耐酷热，结出的果实叫椰枣，营养丰富，甜而不腻。它还是一种非常受欢迎的风景树。

油橄榄

油橄榄喜欢炎热的天气，更喜欢温暖的阳光，所以能在大沙漠里生活下去。它的果实能吃，还能加工成橄榄油。

柏柏里羊

柏柏里羊是撒哈拉沙漠里唯一的野生绵羊。它们的角长长的、弯弯的，脖子下还长着很长很柔软的毛，样子实在很奇特。

山羊

为了生存，山羊们慢慢学会了爬树。它们可以轻松地跳上阿甘树，甚至站在枝头吃树叶。现在，"羊上树"已经成为撒哈拉沙漠里一道独特的风景。

沙鼠

沙鼠生活在干旱的荒漠里，它们用后肢跳着走路。

小画眉草

小画眉草在沙漠里很常见，新鲜时有臭腥味。

图阿雷格人

图阿雷格人生活在非洲撒哈拉沙漠的边缘，和大多数黑皮肤的沙漠居民不一样，他们的皮肤是棕色的。图阿雷格人，他们的名字可能起源于阿拉伯文，意思是"被神遗弃的人"。

图阿雷格男人常常戴着蓝色面纱，所以他们还有一个名字，叫作"沙漠蓝人"。

为什么穿深色衣服？

在炎热的夏天，深颜色的衣服会让人感觉很闷热，所以人们更愿意穿浅颜色的衣服，因为这样感觉更舒服。可是，图阿雷格人为什么偏偏喜欢穿深颜色的衣服呢？原来，在沙漠里很容易被紫外线晒伤，浅颜色的衣服只能阻挡一半有害的紫外线，而深颜色的衣服几乎能阻挡全部紫外线。图阿雷格人为了保护皮肤不被晒伤，所以喜欢穿深颜色的衣服。

烈日下的图阿雷格人

> 天气这么热，你为什么不像我一样，穿着白色衣服呢？这样会更凉快的。

> 沙漠里太阳火辣辣地照射着，穿深色衣服可以防止被晒伤。

救人性命的尿液

在沙漠里旅行时，除非有很好的物质保证，否则你连尿都不能撒，尤其是那些被困在沙漠里的人，这可不是小题大做。因为沙漠里炎热干燥，人体会不断地出汗，使水分蒸发。而水是人生命的保障，当体内严重缺水时，人就会活活渴死。可是，如果把尿液存储在身体里，里面的水分可能会在关键时候，救你一命。

所以，在沙漠里别轻易撒尿哦！

袋鼠鼠如何排尿？

① 袋鼠鼠也叫更格卢鼠，它并不是袋鼠，只是因为它的后腿很长，像袋鼠一样跳跃前进而得名。为了更好地在沙漠里生活，排出的尿竟然是接近于不含水的结晶体。这是为什么呢？

② 袋鼠鼠的肾脏里有一根长长的管子，这是它们的尿液过滤器。

③ 撒尿前，袋鼠鼠用这根管子，把尿液里的水分过滤出来，重新吸收、保存在身体里，排出去的尿就是一些细细的白色小晶体了。

沙漠中的水源

如何在沙漠中表面上看来滴水不存的地方找地下水源，许多从沙漠中死里逃生的人发现：形形色色的仙人掌恰恰是天然的水库。

一名美国飞行员脱险后讲述道："品尝众多的仙人掌类植物后，我发现一种瓶状的仙人掌含水量最大，只需挤压一下就能畅饮一番。"但是要注意沙漠中部分仙人掌是有毒的。

另外，还有很多动物的血、昆虫的汁液都可以用来止渴。

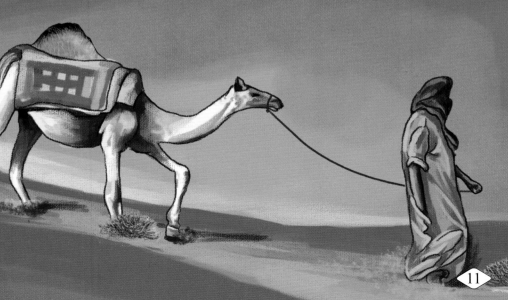

古老的纳米布沙漠

纳米布沙漠，也译为纳米比沙漠，是世界上最古老的沙漠，被称作"红色沙漠"。它在非洲南部，紧邻着大西洋。纳米布沙漠是一片凉爽的海岸荒漠，以艳丽的红色沙丘而闻名世界。

世界上最高的沙丘

这个沙丘是世界上最高的沙丘，它高325米，据说，纳米布沙漠用了8000万年的时间才把沙丘堆到这个高度。

大象、剑羚和狮子

在全世界，纳米布沙漠是大象、剑羚和狮子唯一共同生活的地方。

死亡谷

很久以前，死亡谷还是一条大河，河里生长着许多树木。后来，气候变得很干燥，河水逐渐干涸，接着，风沙掩埋了河床和树木。大约过了2万年，经风沙吹打，河床再次暴露出来，那些被掩埋的树木已经成了褐色的硅化木。

布须曼人

　　布须曼人，又叫桑人。他们是生活在非洲南部沙漠里的一个原始部落，生活很落后，靠打猎和采集植物的根、野果为食，现在只有几万人。布须曼人这个名字最早来自于荷兰殖民者，意思是"生活在灌木丛里的人"。至于他们的祖先是谁，直到今天也没人知道。

房屋

　　布须曼人离不开灌木和茅草，他们住的房屋也是草棚屋。因为沙漠里炎热、少雨，所以既不会冷，也不必担心雨水冲毁屋子。

外形

　　布须曼人身材矮小，女人最高可以长到约1.38米，男人最高不超过1.60米。布须曼人的皮肤黄里透红，眼睛小小的，颧骨高高的，头发卷曲又浓密。

生活

　　在部落中，男人们负责外出打猎，女人们去采集野果、蘑菇、可食用的植物的根茎。布须曼人从不私藏任何东西，他们总是把食物放在一起，共同享用。

迁移

　　夏季时，布须曼人常常居住在一起。到了冬季，水和食物严重不足，每个家庭就向不同的方向迁移，寻找有水源的地方。

快来埃托沙国家公园玩吧

埃托沙国家公园是纳米比亚著名的旅游景点，那里栖息着许多珍禽异兽，斑马、羚羊、鬣狗在平川上奔跑，长颈鹿、狷羚在树林里游荡，豹出落于灌木丛中，大象随处可见……除兽类外，还栖息着很多羽色各异的鸟类。大的有鸵鸟、秃鹰，小的有伯劳鸟、金丝雀等。到了夏天，雨季来临，水禽来做客，火烈鸟也会光顾埃托沙，并在此繁衍后代。

火烈鸟

角马

斑马

雨季到来，植物逐渐茂盛，
大批动物赶来这里……
数以万计的斑马和角马从东北面的
安多尼平原迁徙而来。
当旱季到来时，动物们又会离开，
只在盐湖表层留下无数脚印。

14

地面有鸵鸟，空中有火烈鸟、秃鹰、伯劳鸟、金丝雀。

长颈鹿和大象群排着长长的队伍，慢腾腾地走着。

秃鹰

伯劳鸟

金合欢树

金合欢树生长在河道沿岸，开花时一片金黄灿烂，远远看像一团黄色的云彩。

鸵鸟

鬣狗

猎豹

狮子

角马

这里生活着大群的跳羚、狷羚、非洲南部棕羚及白羚。

狮子、鬣狗、猎豹及野狗藏在草丛中伺机捕食。

跳羚

跳羚常生活在纳米布沙漠里。它们非常善于跳跃，跳起时脊背弓起，四肢下蹬且靠拢，一下子能跳出三四米的高度，实在厉害。

沙漠居民怎么生活

沙漠里白天气温非常高，就像一座"火焰山"，晚上气温又常常会降到0℃以下，非常寒冷，而且沙漠里很少下雨，土壤也无法种庄稼、盖房子，可是，还是有许多人生活在沙漠里，他们努力战胜恶劣的自然环境，想尽各种办法维持生存，从遥远的过去一直到今天。

布须曼人取水妙法

沙漠里非常缺水，不过，聪明的布须曼人有一个巧妙的取水办法。每当地面潮湿时，他们把秸秆深深地插入土中，把水吸出来，再放进鸵鸟蛋壳里，等需要的时候就拿出来饮用。

图阿雷格人

戴着蓝色面纱的图阿雷格人放养了一大群骆驼和羊，在无法打猎和出去采摘野果的时候，他们就烤肉吃。

贝都因人

贝都因人依靠骆驼和羊群的脚印在沙漠中寻找水源和绿洲。另外，他们还驯养一种叫隼的鸟。隼非常凶猛，可以为他们捕捉猎物。

食物保鲜——沙漠冰箱

沙漠里温度很高，食物放不了多久就会变质。为了保鲜食物，沙漠居民发明了一种独特的冰箱——罐中罐。

① 把一个小罐子放在一个大罐子里。
② 在两个罐子之间填上潮湿的沙子。
③ 将食物或饮料放在里面的小罐子里，再用湿布盖上罐口。
④ 把罐子放在干燥通风的地方，经常往沙子上洒些水，这样就能保鲜啦！

会移动的房子

大部分沙漠居民是游牧民族，他们经常不停地搬家，寻找赖以生存的水和食物。不过，也有一些沙漠居民过着定居生活哦！现在，我们就一起去看看，沙漠里的房子到底长什么模样吧！

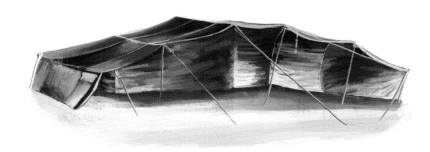

贝都因人用羊皮搭起一个大大的帐篷，这就是他们的家。羊皮很厚，可以阻挡风沙，即使在晚上也不会觉得冷。

柏柏尔人的房屋很特别。他们先在地势较高的地方挖一个大坑，长和宽大约10米，深6~7米，然后，他们在坑壁上挖出一个个可以居住的洞穴，坑底的中央便成了一个露天大院。有时，洞穴分好几层，底层是卧室、厨房和杂物间，第二层用来存放粮食，人们必须攀着绳索才能进去。

图阿雷格人的帐篷是用兽皮做的，只用几根木头支起来，非常简陋。在需要搬家时，可以很快拆除。

有些沙漠居民过着定居生活，他们用干土或石块建造房屋。

神秘的塔克拉玛干沙漠

　　塔克拉玛干沙漠是中国最大的沙漠。塔克拉玛干沙漠位于新疆塔里木盆地，在当地的意思是"进去出不来的地方"，因为它实在太大了，而且环境很恶劣，所以人们叫它"死亡之海"。

东方庞贝城

　　最近，考古学家从沙漠里挖掘出了一座古城，里面有寺庙、学校、医院、官府等许多建筑，被称为"尼雅遗址"。据考古学家分析，荒凉的塔克拉玛干里曾经有过一座繁华热闹的城市，后来被洪水冲毁，又被黄沙掩埋，直到被人们重新发现。

风蚀蘑菇

　　圣墓山上有一座奇特的"蘑菇"，它是因为风沙的侵蚀逐渐被雕刻成了蘑菇的样子，大约高5米，巨大的盖子下面可以供十几个人休息。

圣墓山

　　圣墓山其实是两座高大的沙丘，它们由红色的沙岩、白色的石膏和露出地面的沉积岩形成，远远看去，红色和白色非常明显。

胡杨林

沿着河岸，生长着茂盛的胡杨林，它们在沙漠里形成了一道"绿色走廊"，生活在里面的野兔和小鸟，为这片"死亡之海"增添了一些生机。

金字塔沙丘

金字塔沙丘有100多米高，它独特的地方就是有好几个棱面，而每一个棱面常常代表一种风向。

东方庞贝城

沙漠铁路

1958年，包兰铁路建成通车，火车第一次沿着腾格里沙漠呼啸而过，这条铁路也是中国第一条沙漠铁路。

19

沙漠里的绿洲

白尾地鸦

什么是绿洲呢？其实，它是沙漠中土壤最肥沃的地方，那里水草茂盛，一片鲜嫩的绿色。同时，绿洲也是沙漠中最热闹的地方，人们在田地里忙碌，小动物们在湖边吃草、饮水、休憩，生活得十分和睦。

野猪

羚羊群

猞猁

塔里木兔

绿洲的形成

高山上有厚厚的冰雪，夏季冰雪消融，雪水穿过山谷的缝隙流到沙漠的低谷里，隐藏在地下的沙子和黏土层里，形成了一条条地下河。这些地下水滋润了沙漠上的植物，慢慢地便形成了一个个绿洲。

狐狸

野马

沙蟒

沙漠绿洲形成示意图

在我国塔克拉玛干沙漠里的绿洲，人们种植了许多农作物，你认识哪些呢？

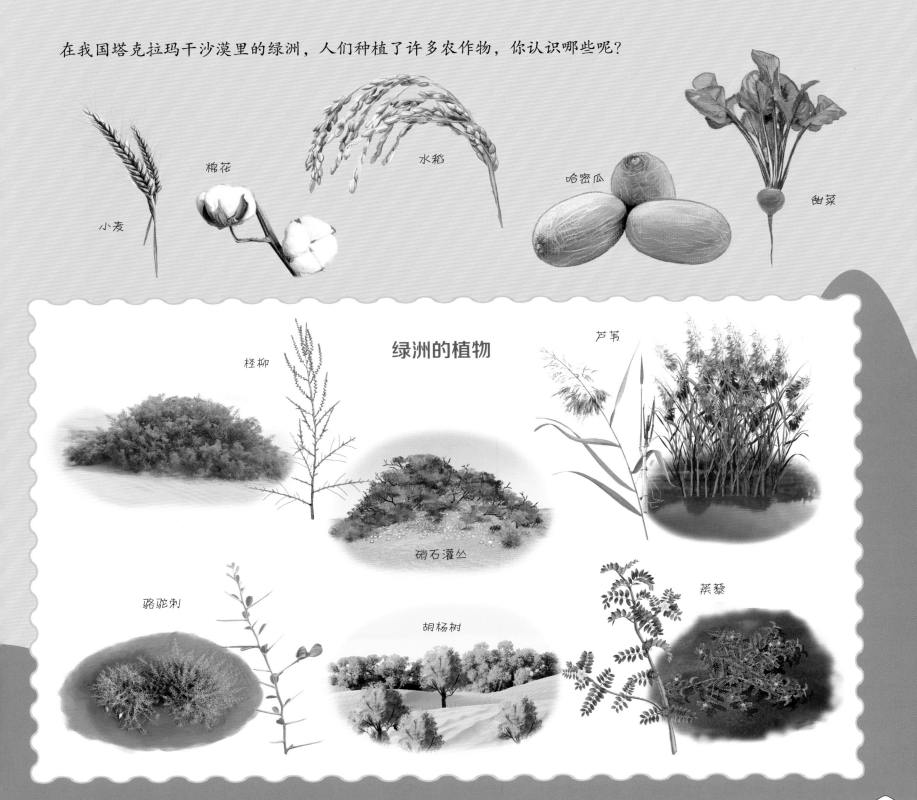

小麦

棉花

水稻

哈密瓜

甜菜

绿洲的植物

柽柳

芦苇

硝石灌丛

骆驼刺

胡杨树

蒺藜

欢迎游览沙漠绿洲

③ 卡提夫绿洲

卡提夫绿洲在阿拉伯沙漠里，是世界上最大最古老的绿洲之一，这里最出名的就是泉水和棕榈树了。

① 撒哈拉绿洲

在撒哈拉大沙漠的绿洲里，生长着许多枣椰树，那里的人们和小动物都喜欢吃它的果实。

② 达赫拉绿洲

绿洲的水分主要来自它的地下，可是，达赫拉绿洲的水却来自800多千米外的地方，这可是一条很长很长的地下"自来水管道"啊！

④ 艾尔哈撒绿洲

艾尔哈撒绿洲在地中海附近，是世界上最有魅力的绿洲。那里，水资源十分丰富，自古就有人居住。

⑤ 瓦卡齐纳绿洲

瓦卡齐纳绿洲在秘鲁，是一个环绕着湖泊建成的小村庄，现在已经成为著名的度假胜地了。

把盐里的泥沙和有害杂质过滤掉，就能得到可以吃的盐了。生活在沙漠里的人们，买卖的就是这种盐。

当太阳把盐水晒干后，池底就会有一层白色的盐。

把盐湖水倒入一个个盐池里。

1吨盐湖水大约能得到25千克盐。

人们还会将海盐压成盐块或盐饼。

绿洲里有一座盐工厂

很多沙漠居民以卖盐为生，这些宝贵的盐就是从沙漠绿洲中的盐湖里提取出来的。

盐饼在工厂中得到精细加工，就成了精盐，进入市场销售。

现在，一辆辆卡车进入沙漠绿洲，将从盐湖里开采出的盐饼运往工厂。

长长的骆驼队将盐饼运往各地。

沙漠主人——骆驼

我是单峰骆驼，瞧，我体形高大，背上只有一个驼峰，毛也很短，生活在炎热的非洲和中东的沙漠里。

驼峰

骆驼的驼峰里贮存着很多营养物质，大家习惯叫它脂肪。当骆驼找不到食物时，它们借助这些脂肪，也可以活1个月。

适合沙漠生活的"装备"

① 耳朵里有毛，能阻挡风沙进入；
② 睫毛很长，可以防止风沙进入眼睛；
③ 鼻子能自由关闭；
④ 脚掌扁平，脚下有又厚又软的肉垫，不会陷在柔软的沙漠里。

骆驼为什么能长达三个星期不喝水？

骆驼特别耐饥渴，它们可以不吃不喝地在沙漠里行走十几天。难道骆驼真的渴不死吗？当然不是了。其实，骆驼的胃里有许多像瓶子一样的小泡泡，那里贮存着水。这些"瓶子"里的水会不断地供应给骆驼，所以它们能长期不喝水。

我叫双峰骆驼，因为我的背上有两个驼峰。我们又矮又胖，毛很长，生活在寒冷的亚洲沙漠里。因为皮很厚，所以一点也不怕冷。

你看见过海市蜃楼吗?

走在寂静荒凉的沙漠里，突然，远处出现了一片湖水，茂盛翠绿的树木、花草，飞翔的小鸟，玩耍的野兔，准备偷袭的狐狸……这时，一阵大风吹过，这些令人向往的景象立刻消失了，眼前又变成了一片黄沙。这，就是海市蜃楼。

🌱 海市蜃楼示意图

海市蜃楼不仅出现在沙漠中，有时在海上或柏油马路上也能看到，但是，必须在晴朗、没有风或风很小的天气里才能看到。

其实，海市蜃楼是由于光的折射而形成的一种幻景。当光线照射在空气中，有的地方空气稀薄，有的地方空气浓厚，所以光会发生折射，这样就形成了海市蜃楼。

25

令人惊奇的沙漠建筑

智利阿塔卡马沙漠酒店

自从电影《007：大破量子危机》后，在智利的阿塔卡马沙漠里就出现了一座像电影里一样的沙漠酒店，它的古怪外形很像飞碟。可是，除了少数天文学家去那里暂时避风外，很少有客人入住，所以说，这座沙漠酒店可能是世界上最孤单的酒店了。

赌城拉斯维加斯

在美国西部的沙漠中，有一座繁华热闹的城市，那里灯火通明，时尚富有，吸引着世界各地的游客，尤其是那些喜欢赌博的人，它就是"世界赌城"——拉斯维加斯。

拉斯维加斯，最早来自西班牙语，意思是"肥沃的青草地"。因为拉斯维加斯是沙漠中唯一拥有泉水的绿洲。它从一个小小的铁路中转站，慢慢发展成一个小村庄，最后又发展成一座时尚之都，不得不说，它是沙漠中的奇迹！

埃及金字塔

离埃及首都开罗不远的沙漠里，分布着大大小小的建筑物，它们的底座呈四方形，有四个侧面，每个侧面都是三角形，远远看去，就像汉字的"金"字，于是人们就叫它金字塔。金字塔是古埃及法老的陵墓。

金字塔的建造非常特别，全部用巨大的石块堆砌而成。这种石块非常平滑，石块和石块之间没有任何黏着物，就算已经过去了数千年，还是无法把一片刀刃插入，实在令人惊叹！

所有金字塔中，最大的一座是第四王朝法老胡夫的金字塔。

被黄沙掩埋的楼兰古城

大约在2200年前，楼兰王国在新疆的罗布泊建立了一座城。那里气候适宜，土壤肥沃，草木茂盛，很快发展成为一个繁华的小城。在西汉时期，楼兰城是"丝绸之路"的重要关口。中国的丝绸、茶叶、珠宝等许多货物，都是经过楼兰被运输到欧洲和非洲。而且，许多商队经过这一绿洲时，都要停留休息。

慢慢地，由于环境的破坏和气候的变化，水丰鱼肥的绿洲——罗布泊逐渐干涸，于是，辉煌的楼兰城没有了人烟。公元4世纪后，楼兰国便从世界上消失了。

太阳墓

楼兰古城附近有一种神秘的墓穴。这些墓穴被一层又一层、由细到粗的圆木围绕着，圈外有呈放射状埋放着的一行行圆木，就像太阳的光芒，于是考古学家为它们起名"太阳墓"。在发现的七座太阳墓中，最多的一座竟然用了一万多棵圆木。

楼兰美女

1980年，考古学家发现了一具保存完好的女性木乃伊。经过电脑复原后，这位女性栩栩如生地出现在人们面前——她有着红褐色的皮肤，眼睛大而深，鼻梁又高又窄，下巴尖尖的，简直就是一位美女，所以，考古学家就给她取名为"楼兰美女"。

澳大利亚沙漠

　　澳大利亚沙漠是世界第四大沙漠，由大沙沙漠、维多利亚沙漠、吉布森沙漠和辛普森沙漠组成，它们的面积大约是澳大利亚总面积的一半。这里雨水稀少，异常干旱，夏季温度可以达到50℃，几乎要把大地烤裂了。

维多利亚沙漠

　　和其他沙漠不同，维多利亚沙漠有非常丰富的地下水，方便了当地人和牲畜饮水以及农田灌溉。同时，维多利亚沙漠以珍奇的动物和植物闻名，尤其是茂盛的桉树，还有袋鼠、针鼹、鸭嘴兽、黑天鹅等。

吉布森沙漠

　　吉布森沙漠是一片壮丽的红色沙漠。这里因为沙粒里含有铁，铁暴露在空气中就会氧化，变成红色，十分漂亮。

艾尔斯石

　　艾尔斯石是世界上最大的巨石，据说已经有5亿多年了，被当地人誉为澳大利亚的心脏。更令人惊讶的是，艾尔斯石像拥有魔法一样，不同的时间会呈现不同的颜色。早上，太阳缓缓升起，巨石变成了鲜艳夺目的浅红色；中午，又变成了橙黄色，太阳落山时，又变成了黄褐色，实在非常奇妙。

辛普森沙漠

辛普森沙漠也是一片红色沙漠。它的波纹非常独特，一条一条平行排列，从南向北，铺满了整片沙漠。另外，这里的沙丘因为植物的原因，从不移动，永远保持静止。

大沙沙漠

大沙沙漠里有丰富的矿产，比如煤、天然气、石油、铁矿石、铅、锌、铜等，这些都是社会发展需要的资源。其中，金矿储量居世界前列。

风是唯一的声音

澳大利亚沙漠里没有高大树木，每天，狂风总是肆无忌惮地在沙漠上咆哮而过，它们是这里唯一的声音。

沙漠花园

在澳大利亚沙漠里，很少会看到昆虫和鸟儿，不过，这里的植物非常丰富。一位植物学家在澳大利亚沙漠里旅行时，大约收集到3600多种植物标本，所以，他把这片沙漠称为沙漠花园。奇怪的是，这里植物的叶子不是绿色的，而是带着各种鲜艳的颜色。

树袋熊

肉乎乎的仙人掌

每当说到沙漠，人们往往会想到仙人掌。其实，仙人掌的故乡在美洲和非洲沙漠，特别是墨西哥分布的种类最多，墨西哥素有"仙人掌王国"之称。

❶ 仙人掌树

在干旱地区，仙人掌不高，它们一簇簇地生长。可是，在厄瓜多尔的加拉帕戈斯群岛，仙人掌竟高达12米，树干直径达1米，人走进去，还以为来到了巨人国！幸运的是，它厚厚的皮使其免遭乌龟的啃食。

下雨时，仙人掌的茎会把水分储存在里面。

❷ 假仙人掌

非洲和加那利群岛没有仙人掌，可有一种植物却常常被误认为是仙人掌，那就是加那利大戟。因为它们的外表几乎和仙人掌一模一样，不同的是，仙人掌花又大又漂亮，而大戟花由许多小花组成，中央有一朵雌花，周围围着雄花。另外，大戟的汁液有毒，非洲人常用这种毒液来捕鱼。

❸ 巨柱仙人掌

在美洲的索诺拉沙漠中，生活着仙人掌家族中的"巨人"——巨柱仙人掌。它们高10～15米，茎像手风琴一样有褶纹，最大的仙人掌里面可以存1吨水，有的甚至能活200多年。很多动物在巨柱上安家，啄木鸟会在上面凿洞孵卵。

❹ 霸王花

霸王花是仙人掌家族的一员，原产于墨西哥。因为它们的花冠很大，绽放时十分霸气，所以人们赞美其为"霸王花"。现在人们吃的火龙果，就是霸王花的果实。

沙漠里的求生技巧

❶ 会走路的仙人掌

在秘鲁的沙漠里，生活着一种特别的仙人掌，叫步行仙人掌。它们的根系可以像腿和脚一样慢慢地向别处行走。

在干旱缺水的沙漠中，步行仙人掌的为了觅取自身需要的水分和养料，当它们在某一地区生活不下去的时候，就会随风一步一步地移动，直到遇到适宜的生活地时，再停下来，用它那些软刺构成的根，吸取水分"安营扎寨"，继续生长。步行仙人掌需要的营养大部分是从空气里吸取的，所以能短时间离开土壤而不会死。

❷ 会调节体温的剑羚羊

在南非纳米比亚的沙漠里，剑羚羊在白天的体温可以达到45℃。这样的体温，其他哺乳动物早被"烧"死了，可是剑羚羊却能保持头脑清醒。

❸ 紫凤梨

在墨西哥的沙漠里，紫凤梨用根缠绕在大仙人掌上面。它们的叶上长满茸毛，不仅能从大仙人掌上吸取水分，还能从空气中吸收水、矿物质等营养物质，从而巧妙地活下来。

❹ "喝雾"的雾姥甲虫

雾姥甲虫生活在纳米布沙漠里。每天清晨，它们总是倒立在沙丘上，把屁股伸到雾气里。

当雾气打湿翅膀，慢慢凝结成小水珠后，就会直接流进它们的嘴巴里。所以，雾姥甲虫不会渴死。

❺ 长寿的百岁兰

百岁兰的根很强壮，深深扎入地下，可以充分吸收土壤里的水分。而它的两片叶子像带子一样伸展，可以很好地利用周围空气中的水汽。百岁兰凭着这种独特的身体特点，可以活几百年，甚至几千年。

走，一起去沙漠探险吧

太阳镜

既能遮光，
又能防风沙。

沙漠里的气候、环境非常糟糕，一旦迷失方向，将十分危险。想要去沙漠探险，你不但要有坚强的信心，还要有在沙漠生存的知识和技能，当然要准备良好的装备喽！

指南针

不会让你迷失方向。

遮阳帽

保护皮肤
不被晒伤。

望远镜

时刻注意
周围的情况。

鞋子

灵巧结实
的鞋子，会让
你走起来更轻松。

地图

清楚自己
的前进目标。

手电筒

如果要在沙漠中过夜，
它可是非常重要的哦！

越野车

越野车是最理想的沙漠交通工具。

饮用水

宁可少带点食物，
也要多带些水哦！